A leitura é um gesto de afeto, que aproxima adultos e crianças. Para que esse momento seja ainda mais divertido, damos algumas dicas:

• Leia a história várias vezes e descubra tudo sobre ela; pense nos personagens e nas imagens que ela traz à sua mente.

• O gestual é muito importante para a história, é a extensão da palavra falada. O corpo deve falar ao mesmo tempo que a voz.

• O tom, o timbre, a amplitude e o ritmo da voz abrem espaço na imaginação do ouvinte. Variar o tom, quebrar o ritmo, dar voz ao silêncio, tudo isso ajuda a dar vida para a narrativa.

• Acredite sempre no que você estiver contando. Se o contador não acredita no que diz, dificilmente seu público vai acreditar.

BOA LEITURA!

Querido DEUS, agradeço por mais um DIA de vida. Agradeço pela CASA onde vivo e por ter tantas PESSOAS queridas ao meu redor. Agradeço por tudo o que me faz. AMÉM.

QUERIDO **DEUS**, HOJE NÃO ESTOU ME SENTINDO BEM, MAS CONFIO QUE O SENHOR PODE ME **CURAR**. POR FAVOR, AJUDE-ME PARA QUE, COM **SAÚDE** E **ALEGRIA**, EU POSSA A DEUS **LOUVAR**. EM NOME DE JESUS, **AMÉM**.

QUERIDO DEUS, AGRADEÇO DE TODO O CORAÇÃO PELO ALIMENTO QUE ME PREPAROU. PEÇO QUE AJUDE TAMBÉM OS QUE NÃO O TÊM. EM NOME DE JESUS, AMÉM.

Querido DEUS, agradeço por todas as PESSOAS que existem, e por cada uma ser diferente e ESPECIAL. Agradeço por todo o CUIDADO que tem com as pessoas e por estar sempre ao nosso lado. AMÉM.